Pour les 8-12 ans

L'Encyclopédie pratique des Petits Débrouillards

- **Volume 1.** À la découverte de l'eau
- **Volume 2.** L'invisible
- **Volume 3.** Vivre de mille manières
- **Volume 4.** Les secrets de l'air
- **Volume 5.** Planète Terre
- **Volume 6.** Le monde des extrêmes
- **Volume 7.** Des machines pour explorer le monde
- **Volume 8.** L'infiniment petit
- **Volume 9.** L'Univers, la Terre et les humains
- **Volume 10.** Qui sommes-nous ?

Sciences en poche

1. **Les transformations de l'eau**
2. **Les nuages et la pluie**
3. **Le goût et l'odorat**
4. **Le cœur de la Terre**
5. **Les mystères de la vision**
6. **Les surprises du toucher**
7. **Les origines de la vie**
8. **Le puzzle des continents**
9. **Terre, planète de vie**
10. **Étonnantes mesures**
11. **Les hommes préhistoriques**
12. **Les astuces de la chimie**
13. **La vie dans l'eau**
14. **Les saisons et les climats**
15. **Des engins pour aller partout**
16. **Sur les traces des humains**

Hors série

- **Le Soleil et ses éclipses**
- **L'eau, un bien à protéger**
- **L'électricité, une énergie à maîtriser**
- **La mer, des richesses à respecter**
- **Les étoiles, un monde encore secret**
- **Le corps humain, un étonnant système**
- **Les volcans, une puissance incontrôlable**
- **Le cerveau, complexe et fascinant**
- **La rue en toute sécurité**

Pour les 5-7 ans

Les 5-7 ans, une série de livres complices à partager avec les plus petits :

- **Le goût et la cuisine**
- **La vue et les couleurs**
- **L'ouïe et la musique**
- **Le toucher et le corps**
- **L'odorat et la nature**
- **La nuit et le sommeil**
- **La rue et la prudence**
- **La campagne et l'aventure**
- **La maison et ses secrets**

Rédaction : Pascal Desjours

Relecture : l'Association française des Petits Débrouillards

Illustrations : Manu Boisteau, Laurent Audouin, Vincent Bergier, Axel Renaux

 -22, rue Huyghens 75014 Paris – Loi 49 956 du 16 juillet 1949 sur les publications destinées à la jeunesse – Dépôt légal second semestre 2004 – N° d'édition 12102 – ISBN 2 226 11787 3 – L'appellation *Les Petits Débrouillards* est une marque déposée – Imprimé en France par Pollina S.A., 85400 - n° L94158

Les climats : pourquoi changent-ils ?

Les Petits Débrouillards

Les expériences que tu vas découvrir dans ce livre ont été rédigées et testées par l'Association des Petits Débrouillards. Dans toutes les régions de France, cette association propose aux jeunes des animations pour découvrir les sciences en s'amusant. Et il existe même des Petits Débrouillards dans de nombreux autres pays.

En rejoignant les Petits Débrouillards de ta région, tu pourras choisir de nombreux thèmes à explorer : l'espace, la chimie, la météorologie, l'environnement, la ville, le corps humain, et bien d'autres encore. Dans des clubs, des ateliers, des centres de vacances, des classes de découverte, tu réaliseras encore plus d'expériences et tu pourras même préparer des maquettes, des machines, des jouets que tu seras invité à présenter dans des expositions !

L'Association nationale des Petits Débrouillards, c'est :
Plus de 100 clubs locaux, 50 centres de vacances et classes de découverte, plus de 2 000 ateliers dans les écoles, les centres de loisirs et les « bas d'immeuble ».

Elle est soutenue par : le ministère de l'Éducation nationale, de la Recherche et de la Technologie, le ministère de la Jeunesse et des Sports, la délégation interministérielle à la Ville, l'Académie des sciences, le ministère de la Culture.

Fais connaissance avec les Petits Débrouillards de ta région en t'adressant à :

Les Petits Débrouillards, La Halle aux cuirs, 2 rue de la Clôture, 75930 Paris CEDEX 19
sur Internet : anpd@infonie.fr
sur son site web : http ://www.lespetitsdebrouillards.org

LES CLIMATS : POURQUOI CHANGENT-ILS ?

Le climat de la Terre dépend de nombreux facteurs : la place et l'inclinaison de notre planète par rapport au Soleil, la composition de son atmosphère, le degré d'évaporation de l'eau qu'elle contient et qui la recouvre.

Les vents, qui transportent, croisent et mélangent les différentes masses d'air que contient l'atmosphère, doivent également leur apparition à la rencontre de ces masses d'air. Il n'y a pas très longtemps qu'on commence à comprendre les mécanismes du climat. Et encore moins longtemps qu'on reconnaît l'importance des océans dans ces mécanismes. Par ailleurs, nous prenons conscience que les activités humaines agissent de plus en plus profondément sur l'équilibre climatique de notre planète.

Ce livre t'invite à découvrir les secrets qui régissent les climats et à réfléchir sur les désagréments que leurs dérèglements peuvent causer aux populations humaines. Tu y trouveras aussi les différentes solutions qui nous permettent d'ores et déjà d'agir pour éviter le pire.

C'est le Soleil qui fabrique le climat !

Est-ce que toutes les matières captent la chaleur transportée par les rayons solaires de la même manière ?

1. Le matériel

- 1 feuille de papier blanc
- 1 feuille de papier peinte en noir
- 1 feuille d'aluminium
- 1 feuille d'aluminium peinte en noir
- 2 livres de même épaisseur
- 2 planches de bois ou de carton de 1 mètre de long

2. La manipulation

La manipulation se fait dehors, un jour ensoleillé.

1. Dispose les feuilles côte à côte sur 1 planche posée au sol, et place les livres et la deuxième planche de façon à faire de l'ombre sur la moitié des feuilles.

2. Au bout de 10 minutes, pose le doigt sur les parties éclairées et ombragées de chaque feuille.

Quelle est la plus chaude, la moins chaude ?

3. L'explication

La lumière du soleil qui arrive sur les parties éclairées est blanche. Elle est plus ou moins attrapée (on dit absorbée) par les matières qu'elle rencontre, et surtout par les surfaces opaques colorées. Le papier blanc et la feuille d'aluminium non peinte n'absorbent que très peu de lumière, ils la reflètent (c'est pour cela qu'il est difficile de les regarder longtemps au soleil). Par contre, les deux faces noires renvoient peu de lumière car elles l'absorbent bien. En touchant les faces éclairées, tu te rends compte que celles qui absorbent la lumière sont plus chaudes que celles qui la reflètent. Cette lumière devient de la chaleur lorsqu'elle rencontre un objet qui l'absorbe.

As-tu remarqué que la partie ombragée du papier noir est moins chaude que la partie ombragée de l'aluminium noir ? C'est parce que l'aluminium est un métal, et que les métaux conduisent mieux la chaleur que le papier.

4. L'application

Plus une matière reflète la lumière du Soleil qu'elle reçoit, moins elle absorbe l'énergie transportée par cette lumière. C'est ce qui arrive aux régions polaires de notre planète : recouvertes de neige, qui réfléchit fortement le rayonnement solaire, elles n'absorbent que peu d'énergie, et ont donc un climat très froid. L'énergie transportée par les rayons du Soleil est le moteur de tous les phénomènes climatiques de la Terre.

Qui souffle le vent ?

Quelle est la cause de la formation des vents ?

1. Le matériel

- *1 verre rempli de glaçons*
- *1 verre rempli d'eau bien chaude du robinet*

2. La manipulation

1. Passe une main dans l'air, paume vers le bas, puis passe-la doucement au-dessus du verre d'eau chaude.

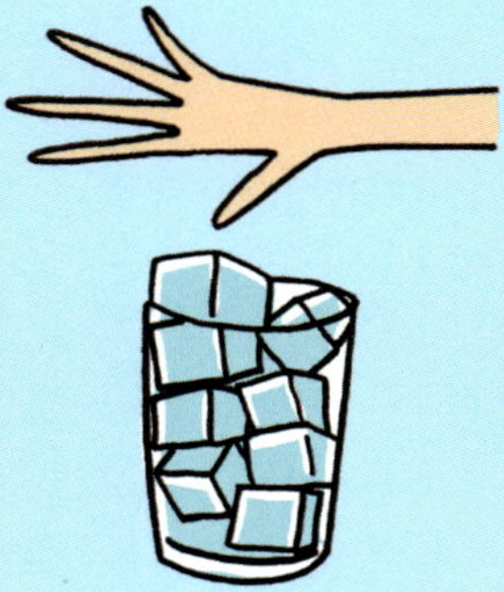

2. Passe l'autre main dans l'air puis doucement au-dessus du verre de glaçons.

3. Recommence l'expérience en passant les mains cette fois au-dessous des 2 verres.

Remarques-tu des différences ?

3. L'explication

L'eau chaude chauffe plus la main qui passe au-dessus d'elle que celle qui passe dessous. Au contraire, les glaçons refroidissent plus la main qui leur passe en dessous que celle qui leur passe au-dessus.

Ce qui réchauffe ou refroidit la main, c'est l'air qui entoure les verres et qui est lui-même réchauffé par l'eau ou refroidi par les glaçons. Par rapport à l'air entourant les verres, l'air ambiant est tiède. L'air froid est contracté, il prend peu de place et devient plus dense que l'air tiède qui l'entoure. C'est pourquoi il descend, il « coule » sous l'air ambiant, comme du sirop coule dans l'eau. L'air chaud, lui, se dilate en prenant plus de place. Il devient moins dense que l'air qui l'entoure. C'est pourquoi il monte, il « flotte » sur l'air ambiant comme l'huile flotte sur l'eau.

4. L'application

Suivant les régions où il se trouve, entre l'équateur et le pôle, au-dessus de la mer ou de la terre, en bas d'une vallée ou au sommet d'une montagne, l'air est plus ou moins réchauffé ou refroidi. Lorsqu'une masse d'air chaud rencontre une masse d'air froid, en général l'air chaud s'élève et l'air froid s'abaisse sous l'air chaud, se déplaçant alors horizontalement. C'est ce qui provoque la formation de vents. Suivant ce qu'on trouve à la surface de la Terre, l'air qui la surplombe sera plus ou moins chauffé.

Les plus grands écarts de température existent au-dessus des déserts, la végétation, en particulier les forêts, jouant ailleurs un rôle de tampon de température entre le sol et l'air.

Course d'obstacles

Quand le vent rencontre une montagne, que fait-il ?

1. Le matériel

- 2 verres
- 1 grosse boîte d'allumettes
- 3 bandes de papier hygiénique de 1 cm de large et 10 cm de long
- 1 crayon
- du ruban adhésif

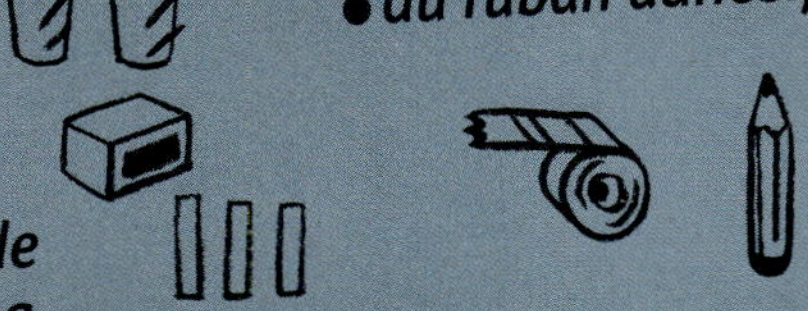

2. La manipulation

1. Scotche les 3 bandes de papier au milieu et près des extrémités du crayon. Pose celui-ci entre 2 verres, sur une table.

2. Tiens la boîte debout à 15 cm de la bande de droite, en la penchant un peu vers celle-ci. Tiens-toi à 20 cm de la boîte puis souffle fort vers le bas de celle-ci en observant les bandes de papier.

3. Avance petit à petit la boîte vers la bande du milieu en soufflant toujours au bas.

Observes-tu des différences dans les réactions des bandes ?

3. L'explication

Suivant la direction dans laquelle on souffle, les bandes sont poussées vers l'arrière ou au contraire semblent être aspirées vers l'avant !

L'air soufflé rencontre un obstacle : la boîte d'allumettes. Pour l'éviter, il peut la contourner ou passer au-dessus. En se déviant, le vent allonge sa course et accélère. Il passe sur les côtés des bandes sans les atteindre ou, s'il les atteint, les pousse en arrière. Comme leur trajet ne passe pas derrière la boîte, l'air qui se trouve là est entraîné sur ses bords par les filets de vents, créant de la place derrière la boîte. Cette place est remplie par l'air qui se trouve derrière les bandes, et qui les pousse alors vers l'avant.

4. L'application

Les montagnes forment parfois des barrières infranchissables pour les vents, mais aussi pour l'humidité qu'ils peuvent transporter. Ainsi, l'immense chaîne de montagnes de l'Himalaya laisse passer une partie des vents de la mousson d'hiver qui vont de la Sibérie vers l'Inde, et une partie de ceux de la mousson d'été qui vont de l'océan Indien vers la Chine. Mais en bloquant l'autre partie de ces vents, elle stoppe également beaucoup d'humidité. La mousson d'été est moins pluvieuse pour les régions qui sont au nord des montagnes. Mais la mousson d'hiver, encore plus sèche pour les habitants de la péninsule indienne, peut provoquer des sécheresses intenses et entraîner des famines.

L'océan : un climatiseur ?

Le vent pousse l'eau des océans et crée ainsi des vagues. Ne joue-t-il que le rôle d'agitateur pour les eaux marines ?

1. Le matériel

- *1 bassine remplie d'eau*

- *3 petits objets flottants (des brindilles, par exemple)*

2. La manipulation

1. Mets la bassine sur une surface plane et attends que l'eau ne bouge plus.

2. Pose les brindilles sur l'eau vers un bord de la bassine.

3. En te plaçant derrière les brindilles, souffle longuement vers le milieu de l'eau.

Que font les brindilles ?

3. L'explication

Les brindilles sont entraînées vers l'autre bord de la bassine, puis reviennent en arrière après avoir tourné sur les côtés !

Il n'y a pas besoin de souffler sur les brindilles pour les déplacer. Cela veut dire que c'est l'eau qui a bougé en tournant, entraînant les brindilles avec elle. Lorsqu'elle se déplace, l'eau est immédiatement remplacée par l'eau qui était derrière elle, ce qui crée ce mouvement tournant.

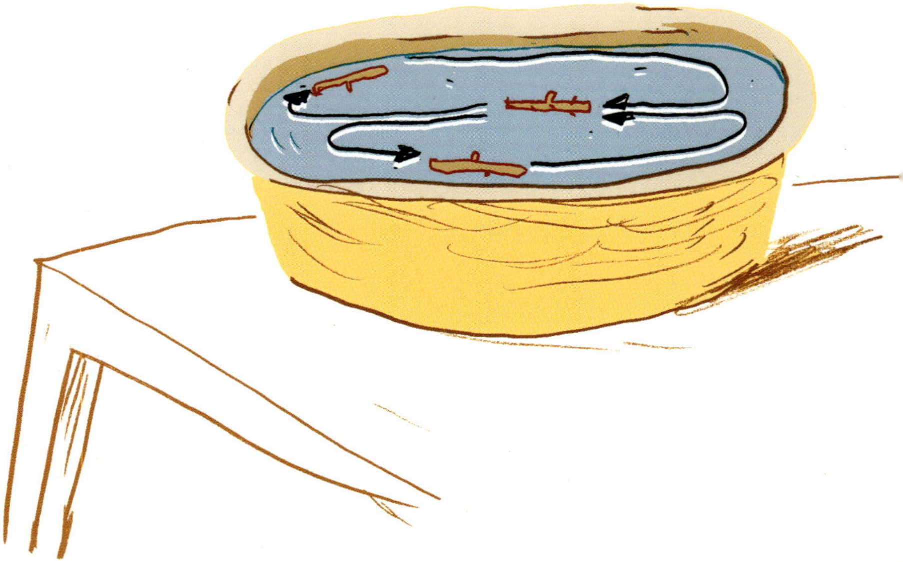

4. L'application

Au centre des océans Atlantique et Pacifique, des vents entraînent les eaux marines de l'est vers l'ouest, de part et d'autre de l'équateur. Ces vents sont appelés les alizés.
L'eau chaude qu'ils entraînent de l'Amérique du Sud vers l'Asie est remplacée par en dessous par de l'eau froide provenant de zones plus proches du pôle Sud. Ces eaux sont riches en nourriture pour les poissons et les pêcheurs du Pérou et de l'Équateur sont les premiers producteurs mondiaux d'anchois et de sardines. Chaque année, de janvier à mars, les vents se réduisent, et moins d'eau froide parvient sur les côtes. Celles-ci sont alors baignées par une eau chaude qui vient de l'équateur, les pêcheurs sont moins occupés et l'air chaud et humide produit des pluies fréquentes. Ce phénomène, appelé « El Niño », peut prendre des proportions importantes, provoquant des pluies diluviennes et des inondations, et faisant disparaître la nourriture des poissons qui meurent de faim.

Un drôle de couvercle

On entend beaucoup parler du réchauffement de la planète à cause de l'effet de serre. Mais qu'est-ce que « l'effet de serre » ? Et les scientifiques sont-ils tous d'accord sur cette question ?

1. Le matériel

- *3 bouchons de bouteille en plastique*
- *3 gobelets*
- *du coton*
- *1 disque à démaquiller*

- *1 carreau de verre de 10 centimètres de côté*
- *1 réfrigérateur*

2. La manipulation

1. Fabrique dans le bac à glace du réfrigérateur ou le congélateur trois glaçons de même taille dans les bouchons.

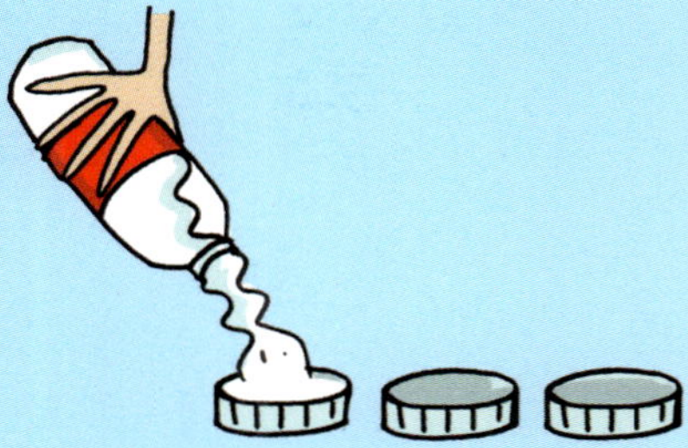

2. Pose chacun des glaçons dans l'un des trois gobelets préparés comme sur le dessin.

3. Place les gobelets au soleil et mesure bien le temps que met chaque glaçon à fondre.

Quel glaçon fond en premier ?

3. L'explication

Le glaçon coiffé de verre a fondu plus vite que celui qui avait un disque de coton au-dessus de la tête, et celui-ci a fondu plus vite que le glaçon placé sous un gros nuage de coton !

Pour fondre, les glaçons ont besoin de chaleur, qui vient ici des rayons du soleil. Si les trois glaçons ne fondent pas aussi vite, c'est qu'ils ne reçoivent pas tous la même quantité de chaleur.

Ainsi le verre permet au glaçon de recevoir plus de chaleur. De plus, il empêche l'air réchauffé du gobelet de se mélanger à l'air plus frais de l'extérieur. C'est cette façon de retenir la chaleur prisonnière qui s'appelle l'effet de serre.

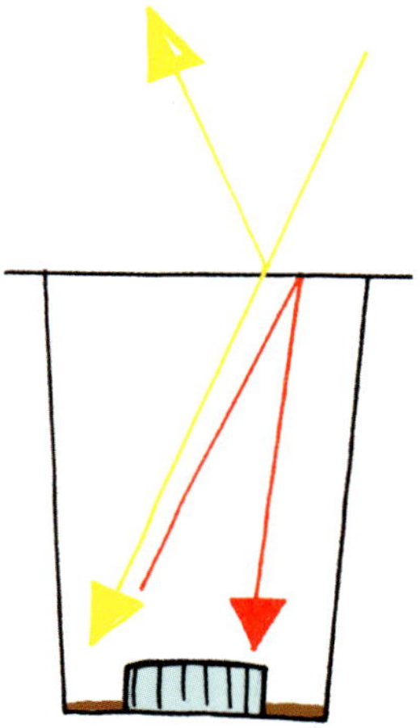

4. L'application

Des rayons de chaleur invisibles, les rayons infrarouges, sont émis vers l'atmosphère par tous les objets, notamment par les corps des êtres vivants. Le verre reflète ces rayons, c'est pourquoi les serres des horticulteurs sont construites en verre. Dans la nature, certains gaz, comme le gaz carbonique, reflètent eux aussi ces rayons. Ils les reflètent vers le bas, augmentant la température du sol et de l'atmosphère, et permettant ainsi le développement de la vie. Le gaz carbonique existe naturellement dans l'air, mais depuis que l'être humain brûle du charbon, du pétrole ou du gaz dans ses usines et ses automobiles par exemple, la quantité de gaz carbonique dans l'atmosphère a considérablement augmenté. C'est pourquoi l'alarme est donnée : l'effet de serre du gaz carbonique ou d'autres gaz, polluants car ils sont en trop grande quantité, risque de réchauffer la Terre. C'est pourquoi il vaut mieux prendre des précautions et tenter de réduire la pollution que nous envoyons dans l'atmosphère !

Un nuage en bouteille

On entend parler de pluies acides, de brouillards ou de nuages de pollution... L'être humain serait-il capable de fabriquer des nuages ?

1. Le matériel

- *1 bouteille vide de boisson gazeuse en plastique*

- *1 boîte d'allumettes*

- *de l'eau*

- *1 fond sombre (maillot, pull...)*

2. La manipulation

La manipulation se fait en présence d'un adulte.

1. Verse un peu d'eau dans la bouteille pour l'humidifier, puis vide-la et rebouche-la.

2. Pose la bouteille sur le sol et appuie très fort dessus avec le pied.

3. Relâche et regarde ses parois.

4. Ouvre le bouchon et appuie doucement sur la bouteille en la tenant devant le fond sombre.

Que vois-tu apparaître au-dessus du goulot ?

5. Recommence les deux opérations après avoir demandé à un adulte d'allumer une allumette, de l'éteindre et de la jeter dans la bouteille.

Observes-tu des différences ?

3. L'explication

La première fois, un peu de buée se forme sur les parois de la bouteille quand la pression se relâche, et un petit nuage s'élève au-dessus du goulot une fois le bouchon enlevé. La seconde fois, de la buée se forme sur toutes les parois de la bouteille, et d'épais nuages s'élèvent dans l'air !

Quand la bouteille est humidifiée, de la vapeur d'eau (qui est de l'eau sous la forme d'un gaz invisible), apparaît dans l'air qu'elle contient. En appuyant sur la bouteille, on comprime l'air, ce qui le réchauffe un peu. Lorsque la pression se relâche, l'air se détend, prend plus de place et se refroidit. De l'air froid ne peut contenir autant de vapeur d'eau que de l'air chaud. Lorsqu'il se refroidit, il perd une partie de la vapeur qu'il contient. La vapeur forme des gouttelettes d'eau, elle se condense. C'est ce qui donne la buée, et le nuage qui s'élève.
Pour se condenser en gouttelettes, la vapeur d'eau a besoin de poussières sur lesquelles s'accrocher au départ. Il y en a toujours dans l'air. Mais il y en a encore plus lorsque la fumée de l'allumette se mélange à l'air de la bouteille. C'est pourquoi le nuage est plus important lors du deuxième essai. L'être humain, avec les fumées que dégagent ses usines et ses moyens de transport, est donc capable d'aider les nuages à se former.

4. L'application

Les nuages sont importants car leurs pluies apportent sur les terres l'eau nécessaire à la vie. Cependant, lorsque les gouttes de pluie se forment autour de particules de pollution, rejetées surtout par les usines ou les véhicules à essence (et à gas-oil), mais aussi par les éruptions volcaniques, les nuages ont un mauvais rôle, celui de pollueurs à leur tour. Lorsqu'on parle de pluies acides, il s'agit surtout de particules polluées acides transportées dans l'air et qui se déposent sur les plantes, les sols et les lacs lorsqu'elles sont entraînées par l'eau de pluie ou les brouillards. Dans les villes très peuplées, il arrive que des nuages pollués se forment, dangereux pour la santé des habitants. Des gaz composant ces rejets participent également à l'effet de serre : ils empêchent la chaleur de la surface terrestre d'être évacuée vers l'espace, réchauffant ainsi les climats.

Quand les icebergs freinent les courants

Que se passerait-il si les icebergs flottant dans les eaux polaires fondaient en masse ?

1. Le matériel

- *2 verres*
- *de l'eau chaude*
- *du sel*
- *2 bouchons de bouteille plastique*
- *du colorant (encre ou colorant alimentaire)*

2. La manipulation

1. Dans 1 bouchon, mélange de l'eau et du colorant. Dans le second bouchon, mélange de l'eau, 1 pincée de sel et du colorant.

2. Pose les 2 bouchons dans le compartiment à glace du réfrigérateur.

3. Quand l'eau des 2 bouchons a gelé, verse de l'eau bien chaude du robinet dans les verres et mélanges-y 2 cuillerées de sel.

4. Pose un glaçon dans chaque verre et observe-les pendant leur fonte.

Que remarques-tu ?

3. L'explication

L'eau qui vient du glaçon salé coule au fond du verre. Alors que l'eau sortant de l'autre glaçon reste près de la surface !

En se mélangeant au sel, l'eau devient plus dense, elle s'alourdit. C'est pourquoi l'eau douce flotte sur l'eau salée. Mais en refroidissant, qu'elle soit salée ou non, l'eau se contracte et devient également plus dense. L'eau salée froide qui sort du glaçon, plus dense que l'eau salée chaude du verre, coule donc dans celle-ci. Par contre, l'eau douce froide, même si elle est plus dense que de l'eau douce tiède, reste moins dense que l'eau salée ; elle ne coule pas.

4. L'application

Les icebergs sont d'immenses glaçons d'eau douce provenant des glaciers couvrant les terres polaires. S'ils venaient à fondre, ils formeraient une couche froide sur les océans qui bougerait très peu. L'eau salée froide des pôles, qui habituellement s'enfonce en profondeur, ne se déplacerait pratiquement plus non plus, et ne serait alors pas remplacée par des eaux plus chaudes provenant des tropiques.
Les grands courants marins n'existeraient donc plus. La conséquence de cet arrêt de circulation de l'eau serait le refroidissement des continents dont les côtes sont réchauffées par les courants marins. Il pourrait s'en suivre une « glaciation », c'est-à-dire le recouvrement d'une grande partie des continents par une calotte de glace et le refroidissement général du climat de la planète. Cela s'est déjà passé dans l'histoire de la Terre. La dernière glaciation s'est déroulée il y a entre 18 000 et 25 000 ans et devrait se dérouler à nouveau dans 5 000 à 6 000 ans...
Si l'augmentation de l'effet de serre due aux activités humaines ne provoque pas la fonte des icebergs et des calottes polaires dans les prochaines décennies !

Des inondations bénéfiques

Chaque année, des inondations provoquent la mort de milliers de personnes dans le monde. Pourtant, dans certaines régions, elles peuvent, ou pouvaient, être attendues avec impatience. Pourquoi ?

1. Le matériel

- 1 planche de 50 cm sur 20 cm

- 1 carafe d'eau
- 1 bol de terre

2. La manipulation

La manipulation se fait à l'extérieur.

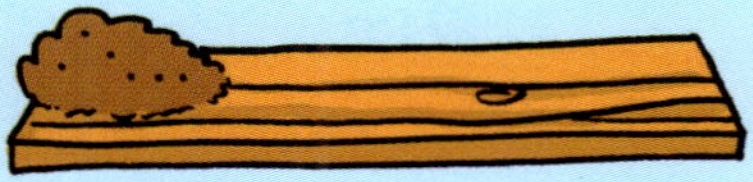

1. Dépose la moitié de la terre du bol sur la première moitié de la planche.

2. Lève l'extrémité terreuse de la planche assez haut, et verse la moitié de l'eau de la carafe, doucement, en haut de la planche.

3. Retourne la planche et recommence l'expérience, mais cette fois en ne levant la planche que de la largeur d'une main.

Observes-tu le même résultat ?

3. L'explication

La première fois, l'eau a creusé un sillon dans la terre et a entraîné une partie de cette terre sur le sol. La seconde fois, l'eau a coulé plus doucement et a déposé sur la seconde moitié de la planche une partie de la terre qu'elle a entraînée.

En descendant vite, l'eau acquiert plus de force et entraîne avec elle ce qu'elle rencontre, jusqu'au bout de son trajet. Quand elle circule plus doucement, la terre qu'elle entraîne peut se redéposer facilement car elle coule dans l'eau. Elle recouvre ainsi la surface de la planche qui était déserte.

4. L'application

Durant l'été, les eaux du Nil, dans le nord de l'Afrique, reçoivent des pluies incessantes dans leur cours supérieur. Le Nil se gonfle et descend doucement de sa source, entraînant avec lui des morceaux de roches qui viennent fertiliser la plaine du Nil au nord. Celle-ci est alors complètement inondée, mais lorsque les eaux du Nil se retirent un sol riche et cultivable est offert aux habitants de ces régions désertiques. Malheureusement, un grand barrage construit dans la deuxième moitié du XXe siècle sur le Nil empêche ce sol fertile, appelé « limon », de se déverser dans la plaine.

Les allumettes contre les inondations

Le sol nourrit les plantes, mais sans les plantes, pas de sol ! Comment une plante peut-elle être utile au sol dans lequel poussent ses racines ?

1. Le matériel

- *2 petits récipients longs*

- *de la farine*

- *30 allumettes déjà utilisées*

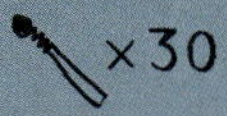

- *1 couteau*

- *1 passoire*

- *1 baignoire avec douche.*

2. La manipulation

1. Verse de la farine dans les deux récipients et un peu d'eau par-dessus pour l'humidifier.

2. Sépare en petits brins, à l'aide d'un couteau, le bas des 30 allumettes.

3. Plante 5 allumettes dans un plat, 25 dans l'autre (côté effiloché).

4
Incline le premier récipient dans la baignoire et place la passoire de façon à récupérer les allumettes et la farine qui tomberaient. Mets en route la douche tout doucement et verse l'eau pendant 10 secondes en haut du récipient.

5. Recommence avec le deuxième récipient.

Reste-t-il autant de farine dans les deux récipients ?

3. L'explication

Le récipient qui contenait 5 allumettes a perdu presque toute sa farine et ses allumettes tandis que celui qui en avait 25 a presque tout conservé. Cela montre que plus il y a d'allumettes, plus la farine est maintenue en place.

Les allumettes sont repoussées vers le bas par l'eau qui s'écoule. En s'appuyant sur la farine, elles la durcissent. Quand il y a beaucoup d'allumettes, la farine est bien accrochée. Quand il y a peu d'allumettes, la farine n'est pas assez retenue et est entraînée par l'eau.
Voilà comment des plantes peuvent protéger le sol qui abrite et nourrit leurs racines.

4. L'application

Lorsqu'on coupe les arbres sur une pente, en montagne, ou qu'on arrache les hautes herbes sur les dunes en bord de mer, il se produit la même chose. La pluie va ruisseler et entraîner le sol ou le sable, empêchant une nouvelle végétation de s'installer ou écrasant la dune...
Sans plante pour le retenir, le sol se laisse entraîner par l'eau, provoquant parfois des torrents de boue et des inondations catastrophiques.
Dans les régions à climat chaud, le sol disparaît, ne recouvrant plus les roches sur lesquelles il s'était installé. Les plantes ne peuvent plus prendre racine. Voilà comment une région peut devenir désertique à cause de l'être humain.

Sauvés par l'éponge

Lorsqu'on construit des habitations, une autoroute, une voie ferrée, un aéroport, on rase toute la végétation placée sur les lieux à aménager. Si un marais a la mauvaise idée de se trouver là, on le vide de son eau. Est-ce toujours bien raisonnable ?

1. Le matériel

- *1 planche*
- *10 bâtonnets de pâte à modeler*
- *2 éponges bien sèches*

2. La manipulation

L'expérience se fait dans un évier.

1. Mouille une éponge et essore-la. Sur la planche, pose les bâtonnets de pâte à modeler comme sur le dessin, en laissant des espaces entre eux. Pose une éponge de chaque côté du chemin.

2. En maintenant ta planche un peu penchée dans l'évier, après avoir calé les éponges avec de la pâte à modeler collée à la planche, laisse couler un filet d'eau du robinet.

Que remarques-tu ?

3. L'explication

Le côté bordé par l'éponge sèche est inondé ! Par contre, l'éponge humide a empêché l'eau de se répandre. Une éponge humide boit, ou absorbe donc mieux l'eau qu'une éponge sèche.

C'est parce que, pour entrer dans l'éponge sèche, l'eau doit d'abord chasser l'air qui s'y trouve. Tandis que l'éponge humide contient déjà un peu d'eau, qui retient plus facilement le ruissellement.

4. L'application

Comme une éponge, un sol humide boit mieux, absorbe mieux l'eau de ruissellement que le même sol sec. Les marais sont souvent des lieux où se rassemblent toutes les eaux de ruissellement venant de la pluie ou des cours d'eau, de la même façon que l'éponge humide dans cette expérience. Lorsqu'on les assèche, les zones de marais ne peuvent plus retenir l'eau et on expose aux inondations les régions qui les entourent. Ainsi, des régions qui n'avaient jamais connu d'inondations peuvent soudain les découvrir à cause de déboisements, de cultures appauvrissant le sol ou d'assèchement de marais.

À l'abri du vent

Durant la plus grande partie du XXe siècle, les agriculteurs ont agrandi leurs champs pour produire plus. Ils ont ainsi détruit de nombreuses haies et de grandes étendues de bois. Est-ce que cela n'a que des effets positifs ?

1. Le matériel

- 1 boîte à chaussures

- du fil

- du papier

- 1 paire de ciseaux
- de la farine

- des rameaux d'arbres épineux de 10 cm

- 2 barres de pâte à modeler

- 1 petit ventilateur (sèche-cheveux)

2. La manipulation

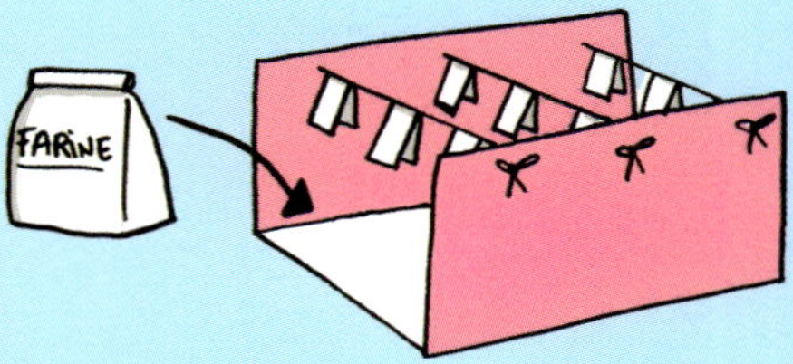

1. Prépare la boîte avec des bandelettes de papier, comme sur le dessin. Recouvre de farine le plancher de la boîte.

2. Prépare deux haies en plantant les rameaux dans les deux barres de pâte à modeler.

3. Mets en marche lentement le petit ventilateur à 30 centimètres de la boîte seule.
Puis installe la première haie à 10 cm de l'entrée de la boîte.

**Vois-tu une différence dans la réaction des bandelettes et de la farine avant et après la pose de la haie ?
Ajoute la seconde haie à l'entrée de la boîte.
Qu'observes-tu ?**

3. L'explication

Les bandelettes et la farine ne bougent pas de la même manière lorsqu'il y a des haies ou lorsqu'il n'y en a pas.

Sans les haies, le vent fait s'envoler la farine et les bandelettes de papier. Grâce à la première haie, les petites bandelettes de papier sont protégées à l'avant de la boîte et la farine vole beaucoup moins ! Mais plus loin, dans la boîte, les bandelettes continuent à bouger et la farine à s'envoler. Grâce à la seconde haie, le vent ne dérange plus ni les bandelettes, ni la farine.

4. L'application

En rencontrant une haie, le vent est dévié vers le haut. Il redescend un peu plus loin, couchant les céréales ou précipitant les fruits des vergers à terre lors de violentes rafales. Les cultures dans des petits champs entourés de haies sont protégées du vent. Ainsi, pendant l'automne et l'hiver, le sol ne part pas en poussière. Les haies et les lisières sont des lieux d'accueil et de vie de très nombreuses espèces animales et végétales. Grâce à ses haies, un champ reçoit un engrais naturel, les feuilles mortes des haies. Les agriculteurs ont donc plus de bienfaits à attendre de la présence de haies que de leur disparition...

Qu’est-ce que l’énergie ?

« Quelle énergie ! », s’exclame-t-on en admirant les exploits sportifs. « Crise de l’énergie », titrent les journaux. « Les économies d’énergie, c’est important pour éviter le réchauffement du climat », répètent les écologistes. Chacun parle-t-il de la même énergie ?

1. Le matériel

- *1 bouteille en plastique avec son bouchon*
- *1 crayon*
- *des ciseaux*
- *de la ficelle fine*
- *1 compas.*

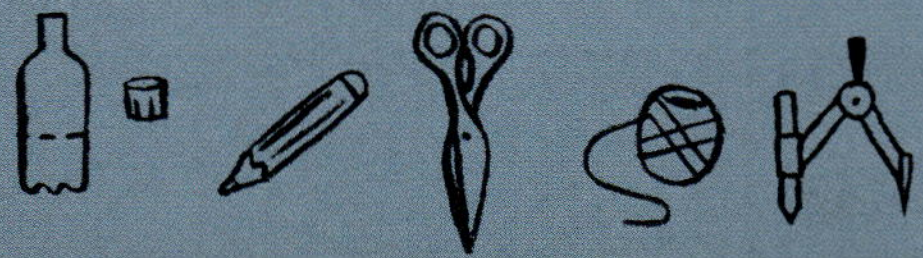

2. La manipulation

1. Découpe le haut de la bouteille en plastique à environ 10 centimètres du haut. Avec les ciseaux, coupe la bague qui entoure le goulot puis pratique une série d'incisions parallèles dans la bouteille, comme l'indique le dessin. Replie les ailes en veillant à ce qu'elles aient la même inclinaison.

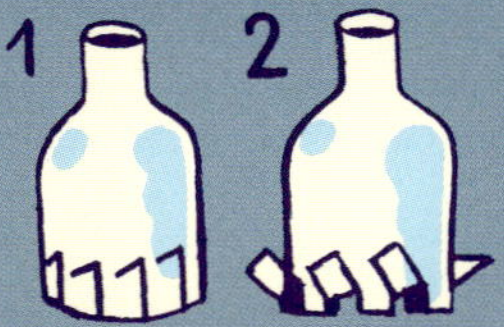

2. Avec la pointe du compas, perce un trou au centre du bouchon qui a été isolé de la bouteille. Attache une extrémité de la ficelle sur le goulot de la bouteille, au-dessous du bouchon, à la place de la bague. Attache l'autre extrémité au bouchon en la passant dans le trou.

3. Place ton hélice sur la pointe du crayon de façon à ce qu'elle tourne librement et tiens-la sous le filet d'eau d'un robinet en tenant la ficelle en son milieu, non tendue, à l'horizontale.

4. Ferme le robinet, déroule la ficelle puis souffle au-dessus de l'hélice. Recommence, cette fois en poussant l'hélice du doigt.

Quelles sont les énergies qui ont permis de faire tourner l'hélice et remonter le bouchon ?

3. L'explication

Tu as utilisé trois façons de faire tourner l'hélice, enrouler la ficelle et ainsi faire remonter le bouchon.
Ton doigt est actionné par tes muscles.
Ton souffle provoque un déplacement d'air, comme du vent.
L'eau est attirée vers le bas à cause de l'attraction terrestre.
Ces trois actions permettent d'effectuer le même travail : faire tourner l'hélice. Pour accomplir un travail, il faut de l'énergie, ce qui signifie en grec « force en action ». Dans l'expérience, tu as utilisé trois sources d'énergie : l'énergie musculaire, l'énergie du vent (énergie éolienne) et l'énergie de la gravité (ce qui justifie le poids de l'eau).

4. L'application

On distingue différentes formes d'énergie : l'énergie mécanique qui provoque le mouvement comme dans l'expérience (l'énergie hydraulique utilise le mouvement de l'eau et l'énergie éolienne utilise le déplacement du vent), l'énergie thermique (la chaleur d'un feu de bois par exemple), l'énergie électrique (qu'on peut voir lorsque les éclairs déchirent le ciel ou qu'on trouve également dans une pile), l'énergie nucléaire (qui est dégagée par les forces qui retiennent entre eux les particules du noyau des atomes), l'énergie chimique (produite lorsque le lien entre les atomes se casse, comme lors de la combustion du gaz d'une cuisinière ou la production d'électricité dans une pile), l'énergie lumineuse dégagée par le Soleil ou une ampoule. Chaque forme d'énergie peut être obtenue par plusieurs sources, comme on l'a vu dans l'expérience.

Qu'est-ce qui chauffe ?

Pour se réchauffer, l'être humain a inventé de nombreux systèmes. Certains sont plus « écologiques » que d'autres. Sur quoi peut-on se baser pour choisir un système de chauffage ?

1. Le matériel

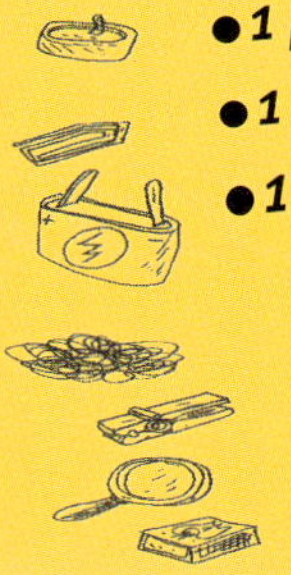

- *1 bougie chauffe-plat*
- *1 trombone métallique (sans couverture plastique)*
- *1 pile de 4,5 volts*
- *de la « laine de fer » (tampon à récurer)*
- *1 pince à linge*
- *1 loupe*
- *1 boîte d'allumettes*

2. La manipulation

Saurais-tu montrer différentes manières de faire fondre la cire d'une bougie ?

1. Demande à un adulte de faire flamber une allumette et de l'approcher de la cire de la bougie. Observe la cire.

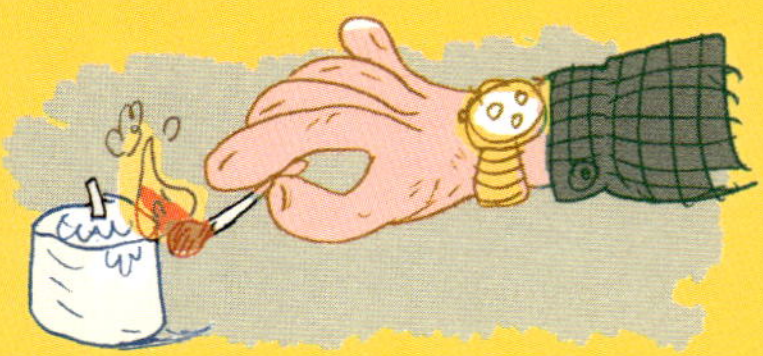

2. Ajuste la loupe entre le soleil et la bougie de façon à ce qu'elle concentre les rayons du soleil sur la cire pendant quelques dizaines de secondes. Observe la cire.

3. Accroche un brin de laine de fer au trombone et celui-ci à une lame de la pile. Attrape l'autre extrémité du brin avec la pince et mets-la en contact avec la deuxième lame de la pile en appuyant une partie du brin sur la cire. Observe la cire.

**Comment expliquer ce qui est arrivé à la cire ?
La cire a-t-elle fondu aussi vite dans les trois cas ?**

3. L'explication

La cire de la bougie a fondu à chaque fois, grâce à la chaleur, l'énergie thermique :

- la flamme brûle en consumant le bois de l'allumette et l'oxygène de l'air ;
- les rayons solaires chauffent la matière qui les absorbe ;
- la laine de fer, placée en court-circuit entre les lames de la pile, résiste au passage du courant électrique. Cette résistance fait s'échauffer le fil (la pince sert à ne pas se brûler les doigts !)

4. L'application

Comment choisir la meilleure énergie pour arriver au même résultat : chauffer ?
L'allumette s'use vite et dégage des gaz polluants et des déchets ; la pile s'use également et les produits qui la composent sont polluants. Ainsi, l'énergie la moins nocive pour l'environnement et la moins limitée serait le soleil. Cependant, dans le cas de cette expérience, si un nuage passe devant le soleil, la cire n'est plus assez réchauffée.
On s'aperçoit qu'il n'est pas facile de faire son choix, et qu'il faut réfléchir aux avantages et aux limites des technologies qui permettent de transformer l'énergie. Il est donc important de s'intéresser aux besoins en énergie des appareils qu'on achète (quantité, qualité, raisons de l'utilisation).
Par exemple, l'électricité dont certains se servent pour chauffer appartements ou aliments provient très souvent de centrales (au charbon, au gaz, au nucléaire) qui chauffent de l'eau pour la produire. Cela veut dire qu'on utilise de la chaleur pour produire de l'électricité qui sera utilisée à son tour à chauffer : que de chaleur perdue et gaspillée entre la mine (ou le puits) et la maison !

L'air isole

Une des conditions de confort dans une habitation est de l'isoler du froid, comme du chaud provenant de l'extérieur. Y a-t-il un matériau qui isole mieux que les autres ? Quel est le meilleur moyen de s'isoler du froid ?

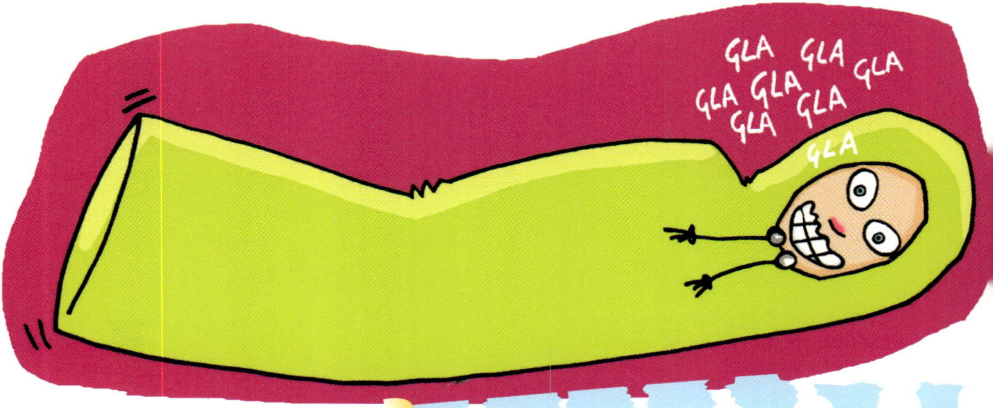

1. Le matériel

- 1 thermomètre de jardin
- 1 morceau de tissu
- du papier aluminium
- 1 sac en plastique
- 1 bout de vêtement en laine usagé
- 1 réfrigérateur
- 1 feuille de papier
- 1 crayon

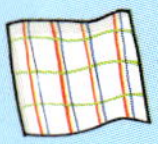

2. La manipulation

1. À l'aide du thermomètre, mesure la température de l'air de la pièce puis note-la sur la feuille.

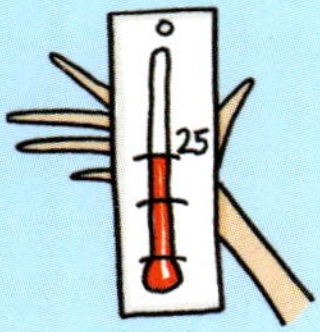

2. Enveloppe le thermomètre dans le tissu puis pose-le dans le réfrigérateur. Au bout de 3 minutes, sors-le et note immédiatement la température qu'il indique.

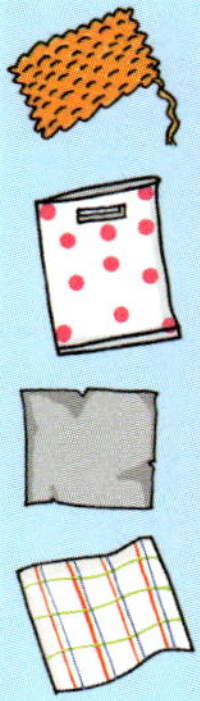

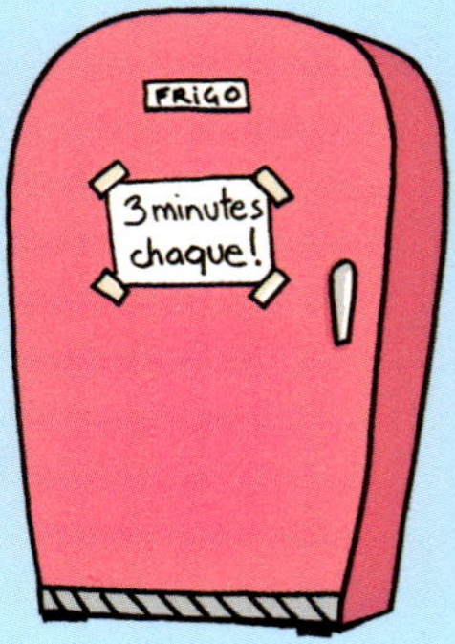

3. Attends que le thermomètre revienne à la température de la pièce, puis entoure-le avec le papier aluminium et pose-le 3 minutes dans le réfrigérateur. Note alors sa température.

4. Recommence la même opération avec le sac en plastique puis la laine.

Remarques-tu des différences entre les températures mesurées ?

3. L'explication

La température obtenue avec le morceau de laine est la moins basse ! La laine est un bon isolant thermique car de l'air est emprisonné dans ses fibres, ses brins et ses mailles. L'air conduit moins bien la chaleur que les autres matières utilisées, ce qui veut dire que l'air empêche les variations rapides de température. Le thermomètre perd moins de chaleur et se refroidit donc moins lorsqu'il est enveloppé dans la laine.

Par contre, si tu mouilles les matériaux utilisés, tu te rendras compte qu'ils laissent mieux passer le froid. L'eau conduit bien la chaleur.

4. L'application

Comme la laine, le polystyrène est un matériau qui emprisonne de l'air. Il existe d'autres matériaux aussi performants et plus écologiques à base végétale (bois, liège, paille, chanvre, cellulose de papier) ou encore de laine de mouton.
C'est pourquoi ils sont utilisés dans les maisons pour isoler, afin de diminuer considérablement les pertes de chaleur au niveau des murs (en contact avec l'extérieur) et des planchers, notamment ceux qui séparent les pièces habitables des greniers et des caves ou des sous-sols.
Ceci permet de diminuer d'autant sa consommation d'énergie pour chauffer la maison.
Le double-vitrage des fenêtres contient également une couche d'air emprisonné entre deux plaques de verre, ce qui évite les échanges de chaleur entre intérieur et extérieur.
Bien isoler son habitation permet de moins gaspiller d'énergie et, ainsi, de moins participer à l'augmentation de l'effet de serre et du réchauffement climatique.

Agir pour protéger le climat

Le réchauffement climatique est un sujet de crainte pour la majeure partie des scientifiques, des écologistes et des citoyens. Existe-t-il des solutions pour éviter que nos enfants et petits-enfants subissent sécheresse, inondations, catastrophes naturelles dues à ce réchauffement ?

1. La question

La plus importante contribution de l'activité humaine à l'effet de serre est le dégagement de dioxyde de carbone (gaz carbonique). La production mondiale d'énergie dégage 23 000 millions de tonnes de dioxyde de carbone.

Combien de tonnes de ce gaz pourraient ne pas être émises grâce à l'utilisation d'énergie nucléaire ? Même question pour les énergies renouvelables (barrage, solaire, éolienne, bois, biogaz) ?

2. L'explication

Le programme nucléaire mondial permet d'éviter l'émission de 880 millions de tonnes de dioxyde de carbone, tandis que les énergies renouvelables évitent l'émission de 1 000 millions de tonnes.
La contribution de ces deux types d'énergie à la réduction des émissions de ce gaz à effet de serre est donc similaire et modeste : environ 4 % chacun…
Si l'on veut agir pour la préservation du climat de la planète, le choix doit alors s'appuyer sur d'autres critères.
Si l'on considère les pollutions provoquées par l'utilisation des énergies, il est certain que les déchets nucléaires sont les plus dangereux et les plus longtemps actifs (des milliers d'années).
Développer un grand nombre d'éoliennes ou de panneaux solaires prend beaucoup d'espace.

Le meilleur moyen de dégager le minimum de gaz à effet de serre reste de dépenser le minimum d'énergie : bien isoler son habitation, éviter de gaspiller l'énergie en choisissant les appareils les moins gourmands, en les éteignant quand on ne les utilise pas, en réfléchissant, avant de s'équiper, aux besoins réels que nous avons...
C'est en pensant à l'avenir que nous éviterons à nos descendants de subir les conséquences des choix de nos parents !